AF312275

TABARIN

OPÉRA EN DEUX ACTES

Représenté pour la première fois, à Paris, à l'Académie Nationale de Musique,
le 12 janvier 1885.

— Direction Ritt et Gaillard. —

TABARIN

OPÉRA EN DEUX ACTES

PAROLES DE

M. PAUL FERRIER

MUSIQUE DE

M. ÉMILE PESSARD

— UN FRANC —

PARIS

TRESSE, ÉDITEUR

8, 9, 10, 11, GALERIE DU THÉATRE-FRANÇAIS

Palais-Royal

—

1885

PERSONNAGES

TABARIN.	MM.	Melchissédec.
GAUTHIER		Dereims.
MONDOR.		Dubulle.
NICAISE FRIPESAUCE.		Sapin.
LE SERGENT AUX ARCHERS . .		Lambert.
MAILLEFER, bourgeois		Mechelaère.
JEHAN, écolier.		Girard.
FRANCISQUINE	Mmes	Dufrane.
ALYSON		Hervey.

Hommes, Femmes du Peuple, Gentilshommes, Archers, Écoliers,
Tire-Laine, Bouquetières.

— 1620 —

Divertissement de M. L. Mérante.

DÉCORATIONS :

PREMIER ACTE. — M. J.-B. LAVASTRE.
SECOND ACTE. — MM. RUBÉ, CHAPERON ET JAMBON.

Costumes dessinés par M. Eugène Lacoste.

La partition se trouve chez M. Alphonse Leduc, éditeur, rue
de Grammont, 3.

Pour la mise en scène détaillée, s'adresser à M. Colleuille,
régisseur de la scène, à l'Opéra.

TABARIN

ACTE PREMIER

L'intérieur d'une auberge. Par la large baie du fond, on voit un aspect du Pont-Neuf. Des tables, des escabeaux, à gauche, au premier plan, une maîtresse cheminée ; à droite, au premier plan, une porte. — Au fond vers la gauche, un escalier de quelques marches, conduisant à l'étage supérieur.

SCÈNE PREMIÈRE

MONDOR, NICAISE, ALYSON, Des Buveurs, groupés à diverses tables, Marchands, Etudiants, Tire-Laine.

ALYSON, et des filles d'auberge vont et viennent, versant à boire.

CHŒUR.

La belle fille, à boire !
Faut-il héler en vain ?
Pour chasser l'humeur noire,
Rien ne vaut ton vieux vin !

ALYSON.

Que de buveurs ! Vrai Dieu ! je succombe à la peine.

MAILLEFER, assis à la table de droite avec Jehan.

Vite un pichet, servez-nous là !

BUVEURS.

La fille !

ALYSON.

Me voici !

BUVEURS.

La fille !

ALYSON.

Me voilà !
Et tous les jours la salle est pleine,
Car notre cabaret vaut le renom qu'il a !

BUVEURS.

La belle fille, à boire !
Faut-il héler en vain ?
Pour chasser l'humeur noire,
Rien ne vaut ton vieux vin !

On remarque un grand mouvement dans la foule qui est au dehors ;
le cortège arrive ; les archers repoussent les curieux jusque dans
le cabaret. Les buveurs se sont levés et regardent ce qui se passe
dans la rue.

MOINES, au dehors, sans être vus du public.

O domine ! Libera animam meam ! Miseretur !
Requiem æternam... Et lux perpetua luceat eis !

LE SERGENT, au dehors.

Place ! qu'on se range !... Place !

CHOEUR.

Place ! qu'on se range ! place !
Des archers craignons les coups !
La justice du roi passe,
Par prudence écartons-nous !

Le cortège défile au dehors.

JEHAN.

Mais qui donc vont-ils pendre ?

MAILLEFER.

Fritelin.

ALYSON.

Fritelin, le Matamore.

JEHAN.

Ah ! bah !
Quel est son crime ?

ALYSON.

Il déroba
Des bijoux d'or, et s'y fit prendre.

JEHAN.

C'est dommage !

MAILLEFER.

Oui, c'était un comédien
Irrésistible !

ALYSON.

Mais pour qui d'autrui prend le bien
Dame Justice est inflexible.

NICAISE, assis à une table à gauche, avec Mondor.

Mondor, allons-nous voir ?

MONDOR.

Ce nous est un devoir !
Il fut le compagnon de nos folles parades,
Et, vers le gibet qui l'attend,
Nul doute qu'il sera content
De se voir escorté par ses deux camarades !

LE SERGENT, au dehors.

En route !

LE PEUPLE.

Suivons-les ! potences et tréteaux,
Ne sont-ce pas toujours spectacles de badauds ?
Suivons le cortège qui passe !

Allons voir le voleur qu'on pend,
Mais que Dieu clément fasse grâce
Au criminel qui se repent !

Sortie générale au fond.

SCÈNE II

ALYSON, FRANCISQUINE.

FRANCISQUINE, entrant brusquement par l'escalier du fond.

Non, vrai Dieu ! c'en est trop ! j'enrage !
L'injure, passe : après l'orage,
Le beau temps ! Mais des coups, non pas !
Et c'est un outrage,
Mon mari, que tu me paieras !

ALYSON.

Quoi ! Tabarin ?...

FRANCISQUINE.

Ma chère, il m'a battue
Sous l'affront je me serais tue,
Je me révolte sous les coups !

ALYSON, lui remet un billet.

En ce cas, ce billet, qu'on m'a remis pour vous,
Viendrait à point !

FRANCISQUINE.

Oh ! oui ! pour punir mon époux,
Je veux le lire ! Moi, qui, coquette peut-être,
Mais fidèle, gardais au traître
Une constance... absurde à l'égard d'un jaloux !

ALYSON.

On attend !... Je vous laisse et je veille sur vous.

Elle sort au fond.

SCÈNE III

FRANCISQUINE, puis GAUTHIER.

FRANCISQUINE, elle ouvre la lettre et lit.

« D'un pauvre clerc de la basoche
» Vous qui connaissez le tourment,
» Si vous n'avez l'âme de roche,
» Vous aurez pitié sûrement !

» Las ! sur son cœur, en un moment,
» L'amour a vidé sa sacoche,
» Et nul, ceci dit sans reproche,
» N'a pâti plus cruellement.

» Si vous souffrez qu'il se raccroche
» A l'ombre d'un espoir charmant,
» Disposez du plus tendre amant,

» O bel ange !... Différemment,
» D'un pauvre clerc de la basoche
» La mort finira le tourment ! »

La mort ?... Suis-je donc si barbare
Pour résister au plus tendre des clercs,
    Et puis-je envoyer au Tartare
Un jouvenceau qui m'adresse des vers ?

Voyant entrer Gauthier du fond.

C'est lui !

GAUTHIER.

C'est elle !... hésité-je ?...
Oh ! ferme ! de l'audace et qu'Amour me protège !

ENSEMBLE.

GAUTHIER, à part.

Par la morbleu !

Il faut ici payer d'audace,
Et sans doute fera-t-on grâce
A la chaleur de mon aveu?

FRANCISQUINE, à part.

Je tremble un peu ;
Mais comment demeurer de glace,
Près d'un cavalier plein de grâce,
Qui peint si bien son doux aveu?

GAUTHIER, haut.

Ah! madame...

FRANCISQUINE.

Quoi donc, monsieur?

GAUTHIER.

Parmi la foule
Qui vous applaudit chaque soir,
Peut-être avez-vous daigné voir,
Oublieux du spectacle et du temps qui s'écoule,
Un spectateur trop chaleureux
Pour n'être pas un amoureux ?

FRANCISQUINE.

Je n'ai pas vu...

GAUTHIER.

C'est donc que mes yeux trop timides
N'ont pas su rencontrer vos yeux!
Mais mes vers, de mes pleurs humides,
Peut-être m'auront servi mieux ?

FRANCISQUINE.

Vos vers?...

GAUTHIER.

Un doux sonnet qui peignait mon délire!

FRANCISQUINE.

Un sonnet?...

GAUTHIER.

Vous l'avez déchiré sans le lire,
Mon doux sonnet !

FRANCISQUINE

Pourquoi si tôt désespérer?
Tout au contraire, on l'a lu... sans le déchirer!

Elle le lui montre, caché dans son corsage.

GAUTHIER.

O ciel!... Là, dans votre corsage,
Sur votre cœur, mon doux message,
Est-ce une erreur, ou le présage
    D'un sincère amour?

FRANCISQUINE.

Non, ce n'est pas une erreur vaine!
Il me faudrait être inhumaine,
Pour ne pas payer tant de peine
    De quelque retour!

ENSEMBLE.

GAUTHIER.

Je suis heureux, philtre ni baume
N'auraient pouvoir plus enchanteur!
Le roi m'offrirait son royaume,
    J'aime mieux ton cœur!

FRANCISQUINE.

L'amour est le souverain baume:
De tous les maux il est vainqueur,
Et mieux vaut que sceptre ou royaume
    S'aimer à plein cœur!

GAUTHIER.

Ah! de ce jour ma vie est vôtre,
Et partout je suivrai vos pas,
    A toute heure...

FRANCISQUINE.

            Et... l'autre...
Dont vous ne vous souvenez pas?

GAUTHIER.

Tabarin?...

FRANCISQUINE.

Tabarin!...

GAUTHIER.

S'il faut livrer bataille
Pour l'amour de vous,
Morbleu! je suis de taille
A défendre mon bien, fût-ce contre un époux!

FRANCISQUINE.

Non, ce n'est pas une erreur vaine...
Etc.

REPRISE DE L'ENSEMBLE.

Je suis heureux, etc.

FRANCISQUINE.

Maintenant, écoutez tout un plan de conduite
Dont les événements semblent hâter l'effet!
Il faudra... Mais on vient! Ici, cachez-vous vite,
Bientôt vous connaîtrez le projet que j'ai fait!
Elle le fait sortir par la première porte à droite.

SCÈNE IV

FRANCISQUINE, MONDOR, NICAISE, puis TABARIN.

FRANCISQUINE.

Eh! bien?...

MONDOR.

Nous venons de la place
De Grève!.. Ils l'ont pendu, ce pauvre Fritelin!...

NICAISE.

Poings liés, cravaté de lin,

Faisant une laide grimace,
Comme un oiseau qui prend son vol,
Il se balance dans l'espace
A six pieds au-dessus du sol.

MONDOR.

Dieu lui fasse miséricorde !

NICAISE.

Je conserve un bout de sa corde
Pour nous porter bonheur !... mais il nous manquera !

MONDOR.

Eh! mais! eh! mais ! Nous n'avons plus de Matamore !

ENSEMBLE.

Un vendredi! Bone deus !... un jour d'extra !

NICAISE.

Oui, que donnerons-nous ce soir ?

MONDOR.

Le sais-je encore ?

NICAISE.

Ah! bah! le maître y pourvoira!

MONDOR, blessé.

Le maître ?

NICAISE, insistant.

Tabarin !

MONDOR.

Le maître, camarade,
C'est moi, Mondor !

NICAISE.

Possible! ailleurs qu'à la parade !

MONDOR.

Le maître ?... Egales-tu, dans ton étroit esprit,

1.

Le bouffon qui fait rire au savant qui guérit?
Devant mon art le sien s'efface!
Lisez plutôt!

Il leur donne deux fioles.

FRANCISQUINE et NICAISE, lisant.

Philtre d'amour?

MONDOR.

Eh! oui!
Des vieux sorciers suivant la trace,
J'ai surpris le secret dans leur tombe enfoui!
Même la nuit, qu'importe qu'on m'en blâme!
Je ne sais plus, dans cette œuvre d'enfer,
Si je n'ai pas, quitte à vendre mon âme,
A mon secours appelé Lucifer!...

TABARIN, paraissant au haut de l'escalier.

Lucifer!... pouah! cela sent les fagots en Grève,
La chemise de soufre et le roussi, le glaive
Justicier et le bon bourgeois criant : haro!

Il descend.

MONDOR.

Tabarin!

TABARIN.

Satanas, vade, vade retro!

Tendant la main à Francisquine.

Salut, femme!...

FRANCISQUINE, détournant la tête.

Salut!

TABARIN.

Mauvaise!

*Francisquine le repousse vivement et sort par l'escalier du
fond. — Geste de fureur de Tabarin.*

Nicaise, bonjour!...

NICAISE.

Maître, je vous baise
Les mains!

TABARIN, lui prenant la fiole.

Donne!... « Philtre d'amour! »

Songeur.

Est-ce un philtre, ou n'est-ce un leurre?

MONDOR.

Si je mens, que je meure!

TABARIN.

Qui boirait de cette eau se ferait donc aimer?

MONDOR.

Sûrement et sur l'heure!

TABARIN.

Sans lui parler, sans la nommer,
Par l'unique pouvoir de ce divin breuvage?...

MONDOR.

La plus fière, la plus sauvage
Se laisserait bientôt charmer!

TABARIN jetant un regard sur la porte par laquelle sa femme est
sortie.

S'il était vrai, pourtant?... s'il suffisait de boire?...
O liqueur merveilleuse, as-tu
Vraiment une telle vertu?
A tes prodiges faut-il croire?
Es-tu le philtre triomphant
Et peux-tu, suprême victoire,
Forcer un cœur qui se défend?
S'il était vrai, pourtant?... S'il suffisait de boire?...

Il jette le flacon avec violence.

Non! tu mens, non!
Des philtres, je n'en sais qu'un seul, digne du nom!
Comme ton philtre, il se vend en bouteilles,
Philtre étonnant, proscrit par Mahomet,
S'il nous promet de moins rares merveilles,
Encor tient-il ce qu'il promet!

I

Cet élixir à qui je rends hommage

Au cabaret mieux que sur nos tréteaux,
Philtre magique et consolant breuvage,
    C'est le vin clair de nos coteaux !
Et celui-là vaut bien qu'on le louange
Qui rend l'espoir au cœur de deuil empli !
Ah ! verse alors, verse et, suprème échange,
    Sinon l'amour, buvons l'oubli !

II

C'est le soleil attiédi de l'automne
Qui le mùrit sur les ceps vigoureux,
Ce philtre-là, le bon Dieu nous le donne,
    Dernier recours des malheureux !
Quand le pressoir a foulé la vendange,
Dans le cellier quand le philtre a vieilli,
Ah ! verse alors, verse et, suprème échange,
    Sinon l'amour, buvons l'oubli !

MONDOR.

Chut ! si l'on t'entendait ?...

TABARIN.

                        Crains-tu pour ta parade
            Quelque algarade
    Dont les bourgeois seraient saisis ?
    Fi !... je garde à part moi mes doutes,
    Et tes fioles se vendront toutes
    A la faveur de mes lazzis !
Va, ne crains rien !...

MONDOR.

Merci !

NICAISE.

                Sublime ! je me pâme.
                        Francisquine rentre.

TABARIN.

Mais allez maintenant ! Allez ! je vous rejoins
Tout à l'heure. J'ai deux mots à dire à ma femme
    Qui ne veulent pas de témoins !
                        Mondor et Nicaise sortent.

SCÈNE V

TABARIN, FRANCISQUINE.

TABARIN.

Çà, de nous embrasser n'aurais-tu pas envie,
Femme?

FRANCISQUINE, avec humeur.

Pourquoi l'aurais-je, hélas?

TABARIN, riant.

Mort de ma vie!
La réponse est farouche et le parler hautain!

FRANCISQUINE.

Messire Tabarin ne garde pas mémoire
Qu'on s'est querellé ce matin?

TABARIN.

Je ne suis pas rancunier.

FRANCISQUINE, railleuse.

Voire!
Il ne se souvient plus des coups qu'il m'a donnés!...

TABARIN.

Si vraiment, femme, et j'en ai honte...
Mais tu me ricanais au nez.
J'ai le cœur chaud...

FRANCISQUINE.

Et la main prompte!

TABARIN.

Mais quoi?...Torts avoués sont moitié pardonnés!

FRANCISQUINE.

Nenni-dà! ce n'est pas mon compte!...

ENSEMBLE.

TABARIN.

Mignonne, prends pitié
De l'amant qui conjure!
Mon remords, je te jure,
M'a déjà châtié!
Mets ta main dans la mienne,
Crois aux pleurs que tu vois,
Et laisse que revienne
Le bonheur d'autrefois!

FRANCISQUINE.

Non! je suis sans pitié,
Quoi que ton remords jure!
Tu m'as trop fait injure,
Tu seras châtié!
Je connais cette antienne
Et ces pleurs dans ta voix!
Ne crois plus que revienne
Le bonheur d'autrefois!

TABARIN.

Hélas! méchante Francisquine!
Si de t'aimer, au moins, je me pouvais guérir!
Mais non! plus tu me fais souffrir,
Et plus à ta beauté mon âme s'accoquine!

FRANCISQUINE.

Vive Dieu! je ne savais pas
Votre âme si sentimentale!
Mais, en dépit de mes appas,
N'aurais je point quelque rivale?

TABARIN.

Une rivale?...

FRANCISQUINE.

Oui-dà!... la bouteille!

TABARIN.

Tout doux!

D'stinguons!...

FRANCISQUINE.

Point! Monsieur sourit à ses glouglous,
Lui fait risette et la caresse,
Tendrement sur son cœur la presse,
Et, dans le feu de son ivresse,
Garde, modèle des époux,
Tous les baisers pour la maîtresse,
Et pour la femme tous les coups!...

TABARIN.

Tais-toi!... Je sens que la patience m'échappe!...

FRANCISQUINE.

A la bonne heure!... Insulte! frappe!...

TABARIN,

Eh bien?...
Il lève sa batte sur elle, puis la jette avec désespoir.
Ah! lâche que je suis!
Je devrais te parler en maître et je ne puis!

REPRISE DE L'ENSEMBLE

TABARIN.

Mignonne, prends pitié!...
Etc.

FRANCISQUINE.

Non! je n'ai pas pitié!...
Etc.

TABARIN.

C'est là ton dernier mot? C'est bien fait, je vais boire!

Je me suis sottement attiré ce déboire...
Je n'y penserai plus, pardieu! quand j'aurai bu!

       Il sort et l'on entend sa voix au dehors.

    Quel est donc le sorcier barbu
    Qui dans le fond des pots séjourne?
    Tout, autour de moi, quand j'ai bu,
    Tout tourne, tourne, tourne, tourne !

SCÈNE VI

FRANCISQUINE, GAUTHIER, puis MONDOR, et NICAISE.

    FRANCISQUINE, *va vers la porte et fait un geste de menace.*

    Le lâche! Il m'eût frappée encore!...

      GAUTHIER, *entrant de droite.*

Ah! j'ai tout entendu!... Vengez-vous !

      FRANCISQUINE.

          Me venger?...

Je le devrais.

    GAUTHIER, *avec tendresse lui prenant la main.*

    Et moi qui vous adore,
    Je ne peux pas vous protéger.

  On voit arriver Mondor et Nicaise qui discutent avec animation,
    Mondor rit aux éclats.

FRANCISQUINE, *retirant sa main vivement et apercevant Mondor.*

Mondor!... Eloignez-vous !

      MONDOR, *à Nicaise.*

      Ah! ah! es-tu malade ?
    Jouer les Matamore toi!...

      NICAISE.

Et pourquoi non? Je veux monter en grade,
    J'ai le physique de l'emploi!
    Pourquoi vous gaussez-vous de moi?

MONDOR.

Ah! ah! Nicaise, es-tu malade?
Jouer les Matamore toi!...

NICAISE.

Eh! oui! je veux monter en grade,
Et remplacer Fritelin.

FRANCISQUINE, frappée d'une idée subite, à part.

Toi!
Remplacer Fritelin!...

A Gauthier.
Ma foi!
Laissez-vous faire et dites comme moi!

GAUTHIER.

Comptez, comptez sur moi!

MONDOR, apercevant Francisquine et Gauthier.

Tu n'es qu'un sot, brisons!... Oh! dame Francisquine!
Nous dérangeons, j'imagine,
Un entretien... serviteur!...

Il veut se retirer.

FRANCISQUINE, l'arrêtant.

Nenni! demeurez, docteur,
C'est vous que monsieur demande.

MONDOR, très aimable.

Monsieur veut-il qu'on lui vende
Les élixirs dont je suis l'inventeur?
Mon savoir est à son service!

FRANCISQUINE.

Monsieur vient en solliciteur.

NICAISE, qui allait lui offrir un escabeau, s'arrête, avec mépris.

Oh!

MONDOR.

Oh!

FRANCISQUINE.

Voici le fait : comédien novice,

Mais se sentant vers le théâtre enclin,
Monsieur voudrait remplacer Fritelin !

TOUS

Fritelin !

GAUTHIER, à part.

Que l'esprit de la femme est malin !

MONDOR et NICAISE.

Remplacer Fritelin !

ENSEMBLE.

MONDOR.

L'audace est forte,
A parler clair,
Mais il n'importe,
Parlez, beau clerc !

NICAISE.

L'audace est forte,
Mais qu'en enfer,
Le diable emporte
Le maudit clerc !

GAUTHIER et FRANCISQUINE.

L'audace est forte,
Mais tout nous sert !
L'amour escorte
Qui le conquiert !

MONDOR, à Gauthier.

Et vous, sans vous choquer de sa sotte colère,
Monsieur l'acteur, répondez-moi !...
Le Fritel'n défunt, dont vous briguez l'emploi,
Etait en grande estime auprès du populaire !

GAUTHIER.

Si je n'ai son talent, docteur,
J'aurai le désir de vous plaire !

MONDOR, étonné.

Très bien !

FRANCISQUINE, bas.

Très bien !

NICAISE.

Flatteur !

MONDOR, à Nicaise.

Assez !

A Gauthier.

Pour vous juger et clore la querelle,
Dites-nous des vers au hasard !

GAUTHIER.

J'en sais de Tabarin qu'on croirait de Ronsard !

S'adressant à Francisquine.

« L'amour, oui, c'est l'amour qui m'afflige et martelle,
» Qui me fait soupirer en mes tristes ennuis,
» C'est lui qui me causa cette playe mortelle,
» Et qui fait que les jours ne me sont que des nuits !

» C'est le cruel amour qui me tient et maîtrise,
» C'est lui qui me tourmente et qui me fait mourir,
» C'est lui qui me blessa et lequel me méprise,
» Alors que je le prie me vouloir secourir !

» Dès le jour que je vis ma belle et douce amie,
» Mes soulas, mes plaisirs, ma joie et mon support,
» Tout l'appui et soutien de ma mourante vie,
» Et tout l'allègement de ma vivante mort ! (*)

MONDOR.

Très bien !

FRANCISQUINE, haut.

Très bien !

NICAISE.

Jamais je n'enrageai si fort !

(*) Œuvres de Tabarin.

ENSEMBLE

MONDOR.

Il a de la race,
Il dit avec grâce
Et prend d'un amant l'air et le babil !
Quoique jeune encore,
Dans les Matamore,
On peut l'engager sans trop de péril !

FRANCISQUINE.

Il a de la race,
Il dit avec grâce
Et prend d'un amant l'air et le babil !
Et puisqu'il m'adore,
Mon beau Matamore
Pourra désormais m'aimer sans péril !

NICAISE.

Voyez quelle audace !
Il n'a pas de grâce !
Ah ! quel triste amant et quel sot babil !
Va, beau clerc, pérore,
Tu n'es pas encore
Matamore ou non, hors de tout péril !

GAUTHIER.

Grâce à mon audace
J'ai conquis la place,
Mais ce rôle-là me conviendra-t-il ?
O toi que j'adore,
Ton beau Matamore
Pourra désormais t'aimer sans péril ! (*)

MONDOR.

Autre chose, jeune homme, et nullement frivole :
Doctement.
Vous êtes instruit ?

(*) On supprime, à l'opéra, cette seconde partie du quatuor, et on
enchaîne avec l'entrée de Tabarin.

GAUTHIER.

Un peu !

NICAISE, ricanant.

Ça fait pitié !

GAUTHIER.

J'ai, non sans quelque fruit,
Suivi, sur les bancs de l'école,
Des leçons d'éloquence et de physique, avec
D'autres de latin et de grec.

TOUS LES AUTRES.

De grec !

MONDOR.

Par Hérodote, il sait le grec !
A Nicaise.
Ane bâté, courbe la tête
Devant ce clerc qui sait le grec !

NICAISE.

Avez-vous donc perdu la tête ?
Sur nos tréteaux que sert le grec ?

FRANCISQUINE, à Mondor.

Vous croyiez-vous à telle fête,
Un comédien qui sait le grec !

GAUTHIER, à Mondor qui le félicite.

Vous êtes, docteur, trop honnête
Pour l'écolier qui sait du grec !

ENSEMBLE.

FRANCISQUINE.

Il a de la race...
Etc.

MONDOR.

Il a de la race...
Etc.

GAUTHIER.

Grâce à mon audace...
Etc.

NICAISE.

Voyez quelle audace...
Etc.

SCÈNE VII

LES MÊMES, puis TABARIN.

NICAISE, regardant au fond.

Enfin !... c'est Tabarin ! lui me rendra justice !...
Maître !...

TABARIN, à moitié ivre, le repoussant.

Au diable !...

NICAISE.

Aïe !... Il est rond comme un Suisse !

TABARIN, festonnant, va s'asseoir à gauche.

Quel est donc le sorcier barbu
Qui dans le fond des pots séjourne ?...
Tout tourne !... Non, je n'ai pas assez bu !...
Non, je tiens ferme... rien ne tourne !
Malheur ! je n'ai pas assez bu !

ENSEMBLE.

LES AUTRES.

Jamais ivresse pire
Ne brilla dans ses yeux !
Voyez, dans son délire,
Il blasphème ses dieux !

MONDOR.

Mais du spectacle l'heure approche.

TABARIN.

Que m'importe !...

MONDOR, à Gauthier.

Holà ! Fritelin !

TABARIN, surpris.

Fritelin ?...

MONDOR.

Non plus l'autre, ce jour ayant vu son déclin,
        Mais un nouveau, clerc de basoche,
        Qui s'est logé dans la caboche
        De monter sur notre tremplin !
Il sait le grec !...

TABARIN.

Le grec !... Viens çà, qu'on t'examine !

GAUTHIER, saluant.

Seigneur !...

TABARIN.

As tu reçu quelque coup de marteau,
Que tu quittes l'étude au profit du tréteau ?

GAUTHIER.

J'ai l'amour de votre art, seigneur !

MONDOR.

Et bonne mine !

TABARIN, entre ses dents.

Que trop !...

MONDOR.

Pourquoi ?...

TABARIN.

Pour rien !... puis, prends le, s'il te plaît,
Un autre souci me dévore !

Garde ton beau Matamore,
Et cherche un autre valet !
Je veux partir !

TOUS, avec des sentiments différents.

Partir !

GAUTHIER, à part.

Ma foi,
Qu'il aille au diable !

TABARIN, à Francisquine.

Oui, mais partir avec toi !

GAUTHIER.

Avec elle !

FRANCISQUINE.

Avec moi !

MONDOR.

Hélas ! quel désarroi !

NICAISE.

Partir ? partir, pourquoi ?

TABARIN.

Oui, dans mon exil volontaire
Je t'entraîne et par les chemins,
Nous irons, cherchant sur la terre
Un gîte ignoré des humains !
Un refuge où nul ne pénètre,
Où rien ne me puisse alarmer,
Mais où tu m'aimeras peut-être,
Quand je serai seul à t'aimer !

ENSEMBLE.

TABARIN.

Oui, c'est ma fantaisie,
Ce que je veux sera,

Et dans ma jalousie
Rien ne m'arrêtera !

LES AUTRES.

Funeste fantaisie !
Hélas! il s'en ira !
Ivresse ou jalousie,
Rien ne l'arrêtera !

MONDOR.

Partir!... mais c'est de la folie !
Renonce à ce projet ! vois l'angoisse où je suis

TABARIN, à Francisquine.

Va faire nos apprêts pour partir !... Je te suis !
Francisquine rentre par l'escalier au fond, suivie de Tabarin.

SCÈNE VIII

MONDOR, GAUTHIER, NICAISE, ALYSON, MAILLEFER,
JEHAN, Les Chœurs, puis TABARIN, puis FRAN-
CISQUINE, puis LE SERGENT et Les Archers.

CHŒUR.

De la parade l'heure approche,
Des curieux le nombre est grand ;
N'attendons pas le coup de cloche
Pour nous placer au premier rang!

MONDOR, pris d'une inspiration soudaine. — A un groupe
de bourgeois.

Ce sont des alliés que le ciel nous envoie!
Daignez, messieurs, m'écouter :
A de noirs soucis en proie,
Tabarin veut nous quitter !

CHŒUR DE BOURGEOIS.

Tabarin veut nous quitter !

NICAISE, à un autre groupe de bourgeois.

Daignez, messieurs, m'écouter !
A de noirs soucis en proie,
Tabarin veut nous quitter !

AUTRES BOURGEOIS.

Il se pourrait ?

GAUTHIER, aux clercs.

A moi, mes amis, plus de fête !
Venez aussi protester !
Sans qu'aucun effort l'arrète,
Tabarin veut nous quitter !

LES CLERCS.

Tabarin veut nous quitter !

GAUTHIER, MONDOR et NICAISE.

Nous avons échoué devant sa résistance,
Mais peut-être, messieurs, aurez-vous plus de chance,
Si vous le priez de rester ?

LES CHOEURS, femmes.

Prions-le de rester.

LES PERSONNAGES.

Prions-le de rester.

CHOEURS, hommes.

Prions-le de rester !

Tabarin paraît au haut de l'escalier. — Tous se tournent vers lui.

ENSEMBLE.

MONDOR.

Voyons, Tabarin, mon joyeux compère,
Regarde-les tous, priant, insistant,
Quitte ce projet qui me désespère,
Et reste avec nous, nous qui t'aimons tant !

GAUTHIER, NICAISE, MAILLEFER, JEHAN et LES
CHOEURS, hommes.

Monsieur Tabarin, notre gai compère,
Vous nous voyez tous, priant, insistant,
Quittez ce projet qui nous désespère,
Et restez chez nous qui vous aimons tant!

ALYSON, aux femmes.

Mais vous autres,
Joignez vos prières aux nôtres,
Et conjurez-le de rester!

ALYSON et LES FEMMES.

Oui, conjurons-le de rester!

REPRISE DE L'ENSEMBLE.

TOUS LES CHOEURS.

Monsieur Tabarin, notre gai compère...
Etc.

TABARIN.

Non!

MONDOR.

Écoute-nous tous, public et camarades!

TABARIN.

Non! laissez moi, je veux partir!

LES CHOEURS.

Aucun autre que vous ne sait nous divertir,
Et nous ferons des barricades
Plutôt que vous laisser partir.
Criant et faisant tapage.
Tabarin!

FRANCISQUINE, ALYSON et LES FEMMES.

Les archers!...

LE SERGENT et LES ARCHERS, entrant.

Halte-là! quels vacarmes!
Qu'on cesse ce bruit irritant,

Ou l'on vous fait tous à l'instant
Emmener par les hommes d'armes !

MONDOR.

Ce sont des cris de deuil, sergent, ce sont des larmes,
Tabarin veut nous quitter !

LE SERGENT et LES ARCHERS.

Nous quitter ?...
Conjurons-le de rester !

ENSEMBLE.

Monsieur Tabarin, notre gai compère...
Etc.

TABARIN.

Non, je ne suis plus votre gai compère !
Je souffre d'un mal cruel et constant,
Et sous la douleur qui me désespère,
Mon rire est glacé que vous aimez tant !

Tabarin repousse les personnages et les chœurs qui cherchent en
vain à le retenir, et va partir entraînant Francisquine.

Rideau.

ACTE DEUXIÈME

n coin de la place Dauphine en 1620. Le théâtre de Mondor à droite est posé en oblique sur la scène. Il est praticable et fermé dans les côtés et sur le fond par des tapisseries. Le rideau en est tiré. En avant du théâtre, face au public de la scène, un large escalier de quelques marches monte aux tréteaux. Face au public de la salle un escalier plus étroit et un rideau qui est censé fermer la coulisse du petit théâtre. Des tentures s'étendant du petit théâtre à l'extrême gauche masquent la place au fond. Quand elles seront tirées à la scène IV, elles démasqueront une vue du Pont-Neuf, et de Paris au loin. Vers la gauche, la statue d'Henri IV.

SCÈNE PREMIÈRE (*)

GAUTHIER, en costume de Matamore, rêveur, près du théâtre
NICAISE, MONDOR, entrant du fond.

MONDOR.

Holà! Nicaise! que fais-tu?

NICAISE

Çui? moi? Rien!

MONDOR.

Justement! c'est de quoi je te blàme!

(*) On supprime, à l'opéra, la scène première.

NICAISE.

Eh! bien, si, je fais...

MONDOR.

Quoi?

NICAISE.

Que je rage dans l'âme,
A voir monsieur de ces beaux habits revêtu!
— Ah! bon docteur!

MONDOR.

Doucement, camarade,
Et dans mon sein renonce à t'épancher!
Voici l'heure de la parade,
Va donc plutôt balayer le plancher!...

NICAISE.

Balayer!... ô grand art! ô muses! ô Parnasse!

MONDOR.

Allons! allons!

NICAISE.

O vanité!

Ils remontent sur le théâtre.

SCÈNE II

GAUTHIER, puis FRANCISQUINE.

Eh! bien! non! par le ciel ma patience est lasse!
Depuis trois jours, par nos amis sollicité,
Tabarin a repris son rôle sur la place,
Sans avoir repris sa gaîté!
Et moi, du Matamore
Misérable héritier,
Ces trois jours-là m'ont guéri du métier!

Mais c'est trop soupirer pour celle que j'adore.
Tout est prêt et tu vas, Francisquine, à ton tour,
Voir comme un écolier brusque un roman d'amour!

Les fils de l'Université
Ne sont pas des amants candides,
Qui bornent leur félicité
A pousser des soupirs timides
Aux pieds de leur divinité!
Il faut des conquêtes rapides
Aux fils de l'Université!

L'art d'aimer n'a, ma belle,
Pour nous pas de secrets;
Il n'est pas de rebelle
Qui résiste à nos traits.

Près d'une jouvencelle
Il faut cacher ses vœux,
Et tempérer pour elle
L'ardeur de nos aveux!

Mais qu'on s'enflamme
Pour quelque dame,
Et sur mon âme,
Il faut souvent
La compromettre,
Parler en maître
Et savoir mettre
Flamberge au vent!

Les fils de l'Université,
Etc.

Francisquine entre du fond.

C'est elle enfin! Prenons courage!
Francisquine!

FRANCISQUINE.

Gauthier!

GAUTHIER.

Nous sommes seuls! deux mots!

FRANCISQUINE, regardant autour d'elle.

Tabarin?...

GAUTHIER.

N'en prenez ombrage!
Il est au cabaret, vidant ses derniers pots.
Mais par pitié!... Voyez, je suis doux et fidèle,
    Et pour l'amour de vos beaux yeux,
    Je sers le docteur avec zèle,
    Je tiens mon rôle de mon mieux!
    Mais je pensais, voulant vous plaire,
    Que tout cela n'aurait qu'un temps,
    Que ma peine aurait son salaire,
    Et ce salaire... je l'attends!

FRANCISQUINE.

Vous ne m'aimez plus!...

GAUTHIER.

    Ciel! quelle idée est la vôtre!
Moi, ne plus vous aimer?... Serais-je encore là?
Mais je souffre, il est vrai...

Bas.

    Je suis jaloux... de l'autre...

FRANCISQUINE.

De mon mari!

GAUTHIER.

    J'ai vu qu'hier il vous querella!

FRANCISQUINE.

N'y prenez pas garde, vous dis-je?

GAUTHIER.

Eh! le puis-je?... c'est un prodige
Si là devant je restai coi!...

FRANCISQUINE.

Ah! bon Dieu! pas d'éclat funeste!
Rien qu'un mot, un regard, un geste,
Et vous vous perdez avec moi!

GAUTHIER.

Eh ! bien, dans cet enfer qui nous retient encore ?
L'épreuve est faite, doutez-vous
Que cet amoureux vous adore
Que vous voyez à vos genoux ?

ENSEMBLE.

GAUTHIER.

Oui, viens, suis ton amant, oublie
Tout ce qui n'est pas notre amour !
Romps cette chaîne qui te lie,
Je t'offre mon cœur en retour !
Où nous irons, peu nous importe,
Fuyons d'abord ces lieux maudits !
De l'enfer franchissons la porte...
Nous chercherons le paradis !

FRANCISQUINE.

Partir ?... Se peut-il que j'oublie
Serments, devoir et sans retour ?
Dois-je écouter cette folie ?
Puis-je céder à cet amour ?
En vain mon cœur même m'exhorte
A fuir ces lieux que je maudis !
J'hésite à franchir cette porte,
Conduisît-elle au paradis ?

FRANCISQUINE.

Partir ?

GAUTHIER.

Ne veux-tu pas ?... dis !...

SCÈNE III

LES MÊMES, TABARIN.

TABARIN, entré du fond.

Ensemble!

GAUTHIER, FRANCISQUINE.

Tabarin!

TABARIN.

Ensemble?
A votre air, à votre maintien,
Si je ne m'abuse, il me semble
Que je dérange un entretien !

FRANCISQUINE.

Il vous semble mal, mon doux maitre,
L'entretien n'avait rien qui vous puisse émouvoir.
Nous répétions, en jouant trop peut-être,
La « Farce des tonneaux » que nous donnons ce soir.

TABARIN.

Est-'l vrai? Réponds, toi!

GAUTHIER.

Ce doute est une offense!

TABARIN.

Pour qui donc?

GAUTHIER.

Pas pour moi qui n'ai pas répondu!

FRANCISQUINE, bas.

Gauthier!

TABARIN, se contenant à peine.

Or çà, petit, quel frelon t'a mordu?

Ma femme est à moi, le sais-tu ?
Et nul ici n'a droit de prendre sa défense !

FRANCISQUINE.

Ne vas-tu pas le quereller ?
Mais quel batailleur que mon homme !
A Gauthier.
Vous, taisez-vous, et voyez comme
Il est mieux de dissimuler !...

ENSEMBLE.

TABARIN.

Cruel souci qui me flagelle !
Rien ne peut calmer mon tourment,
Ma raison me dit qu'elle ment,
Et mon cœur plaide encor pour elle !

FRANCISQUINE.

Allons, voyons, plus de querelle,
Faisons la paix résolûment !
Et calmez le ressentiment
Qui dans vos regards étincelle !

GAUTHIER, à part.

Mon cœur malgré moi se rebelle,
Prêt à trahir mon sentiment ;
Mais dissimulons prudemment,
Sinon pour moi, du moins pour elle !

TABARIN.

Ainsi vous répétiez ?...

FRANCISQUINE.

La « Farce des tonneaux ! »
Vous plaît-il que l'on continue,
Ainsi qu'avant votre venue ?

TABARIN.

Non pas ! Mais dans ma pièce, où les deux jouvenceaux
Bernent un mari ridicule,
Quelle scène redisiez-vous ?

FRANCISQUINE.

N'ayez peur, vilain jaloux !
J'ai deviné le scrupule,
Mais vous fûtes de retour
Avant la scène d'amour !

TABARIN.

Soit !... Et que penses-tu, toi qui ne parles guère,
De cette pièce et de son dénouement !

GAUTHIER.

J'en pense qu'elle est gaie et, sans nul compliment,
D'un esprit qui n'est point vulgaire !

TABARIN, railleur.

Ah ! vraiment !...

Sévèrement.
Eh ! bien, tiens-toi ceci pour dit :
Autre chose est la scène, autre chose est la vie !
Sur la scène, une femme à son époux ravie
Ce n'est qu'un accident dont chacun se gaudit !
Dans la vie, et ceci vaut que tu le médites,
On en juge différemment !
Il est des vengeances licites,
Que l'on absout communément !
Les haillons, le fard et le plâtre
Ne rivent pas l'acteur à son indignité,
Et le Tabarin du théâtre
N'est pas le Tabarin de la réalité !

FRANCISQUINE, à part.

Quel éclair dans ses yeux !

GAUTHIER, à part.

Quelle fière rudesse !

TABARIN.

Et maintenant, nous trois, allons jouer la pièce !...
Ils sortent par le théâtre.

SCÈNE IV

SPECTATEURS, PASSANTS, TIRE-LAINE, ÉCOLIERS,
MARCHANDES DE FLEURS, LE SERGENT,
JEHAN, MAILLEFER.

Des valets de Mondor viennent tirer les draperies du fond. Entre le public.

CHOEUR.

Vers ce tréteau qui s'illumine
De sa gaîté, de son entrain,
Tout Paris court, place Dauphine,
Aux parades de Tabarin !

QUELQUES SPECTATEURS.

En bons voisins, faites-nous place
Sur ces bancs pleins de curieux !
Il faut que chacun se délasse
A des spectacles si joyeux !

CHOEUR DE TIRE-LAINE.

Hardis bretteurs, francs tire-laine,
Jour comme nuit,
Cherchant querelle ou bonne aubaine,
Rôdons sans bruit !

Ils se dispersent dans la foule, les uns en mendiant, les autres
en fouillant les poches.

LE SERGENT, suivi d'un tambour et de deux archers.

C'est moi qui racole, et j'informe
Tout aspirant à l'uniforme,
Bien fait, bien pris et bien portant,
Que j'offre dix écus comptant
A tout garçon sans sou ni maille,
Qui, de ses bras cherchant l'emploi,

3

Voudrait servir, vaille que vaille,
Dans les troupes du roi.

CHOEUR DE MARCHANDES DE FLEURS.

Qui veut des roses,
Fraiches écloses
Sous les premiers baisers du jour ?
Des pâquerettes,
Dont les fleurettes
Sont les oracles de l'amour ?
Achetez, beaux messires,
Jasmins, lis et muguets !
Nous donnons nos sourires,
Nous vendons nos bouquets !
Qui veut des roses,
Etc.

CHOEUR.

Vers ce tréteau qui s'illumine,
Etc.

Un groupe de filles du peuple envahit la scène.

LE SERGENT.

En attendant l'heure et la pièce,
Mesdemoiselles, venez donc,
Et faites-nous la gentillesse
De nous danser un rigodon !

LE CHOEUR.

Un rigodon ! un rigodon !

DIVERTISSEMENT.

SCÈNE V

SPECTATEURS, — NICAISE, puis FRANCISQUINE,
MONDOR, puis TABARIN, puis GAUTHIER,
sur la scène.

NICAISE, entr'ouvrant les rideaux du petit théâtre. — Il sonne la
cloche.

En place ! on va commencer !
Hâtez-vous de vous placer !

Des valets de Mondor ont rangé des bancs en avant du théâtre. —
Des spectateurs s'asseyent. — D'autres restent debout derrière. —
Nicaise allume les chandelles qui forment la rampe du théâtre. —
L'orchestre du petit théâtre joue une ouverture. — Les rideaux du
théâtre s'ouvrent et laissent voir une place publique. — A gauche
et à droite, deux tonneaux dont le fond supérieur s'ouvre comme
un couvercle. Ils sont enfoncés à demi dans les dessous du petit
théâtre, et assez grands pour cacher un homme. — Nicaise est sorti.

FRANCISQUINE, en scène, MONDOR, entrant.

MONDOR, en docteur Piphagne, accent italien.

Ecco me !

FRANCISQUINE.

Le docteur Piphagne !

MONDOR.

Tu l'hai detto, mio caro cor !

FRANCISQUINE.

Qui vous mène céans?

MONDOR.

L'amor !...

FRANCISQUINE.

L'amour ?... Battez-vous la campagne ?

MONDOR.

Si tu n'apaises ma dolor,
C'en est fait del pover dottor !

> Il tombe à ses genoux.

FRANCISQUINE.

Relevez-vous !... Je tremble encor
Que mon mari vienne à paraître !

LA VOIX DE TABARIN, au dehors.

Comme j'étais au banquet,
Bon virolet...

FRANCISQUINE, abandonnant Mondor qui tombe tout de son long.

C'est sa voix !

MONDOR.

Diavolo !

FRANCISQUINE, l'aidant à se relever.

Peut-être
Qu'il a des soupçons ?

MONDOR.

Io frémi !

FRANCISQUINE.

Il est si brutal !

MONDOR.

Salva mi !

FRANCISQUINE, lui montrant le tonneau à droite du spectateur et
relevant le couvercle.

Là ! vivement !... Ce fût est vide !
Cachez-vous, et ne craignez rien !

> Mondor entre difficilement dans le tonneau.

ENSEMBLE.

FRANCISQUINE.

Dans ce tonneau

Cachez-vous de peur de querelle,
Et restez muet et penaud,
Jusqu'à ce que l'on vous rappelle,
Dans ce tonneau !

MONDOR.

Dans ce tonneau
Cassons-nous di pour di querelle
Et restons mouet et penaud,
Attendant ché l'on mi rappelle,
Dans ce tonneau !

Après l'ensemble, Francisquine ferme le couvercle et s'assied sur
le tonneau.

TABARIN, entrant.

Quand fut fini le banquet,
Bon virolet,
Je m'étendis à l'ombrette,
Bon virolet,
Bon virolette,
Quand fut fini le banquet,
Bon virolet !

(Au public.) Mon maître, me jugeant stupide,
M'a renvoyé ! mais je revien !
Ce bon docteur ! je le soupçonne
De braconner sur mon terrain :
Ma femme est si belle personne !
Ouvrons l'œil, et veillons au grain !

A sa femme.

Bonsoir, mon cœur !... Point de nouvelle ?

FRANCISQUINE.

Si, vraiment, et pour vous, cruelle !

TABARIN.

Laquelle donc, mon cher amour ?

FRANCISQUINE.

Le capitaine est de retour !

TABARIN, terrifié.

Rodomont ! C'est mon dernier jour !

FRANCISQUINE.

Chut ! Ecoutez !

TABARIN.

Quoi? Je tressaille !

FRANCISQUINE.

C'est lui !

TABARIN.

C'est lui ! Ciel ! sauve-moi !

FRANCISQUINE, lui montrant le deuxième tonneau.

Vite ! entrez dans cette futaille,
Et prudemment tenez-vous coi !...

Tabarin saute lestement dans le tonneau.

ENSEMBLE.

FRANCISQUINE.

Dans ce tonneau
Cachez-vous, de peur de querelle,
Et restez muet et penaud,
Jusqu'à ce l'on vous rappelle,
Dans ce tonneau.

TABARIN, sortant la tête de son tonneau.

Dans ce tonneau
Cachons-nous de peur de querelle
Et restons muet et penaud,
Attendant que l'on me rappelle,
Dans ce tonneau !

MONDOR, sortant la tête de son tonneau.

Dans ce tonneau
Cassons-nous di pour di querelle
Et restons mouet et penaud,
Attendant ché l'on mi rappelle,
Dans ce tonneau.

Le public rit et applaudit.

FRANCISQUINE.

Est-ce vous, seigneur capitaine?

Entrée du capitaine Rodomont, Gauthier. — Accent gascon
très exagéré, mines comiques, attitude de bravache. — Tabarin et Piphagne soulèvent leur couvercle pour voir ce qui
se passe.

GAUTHIER.

Oui, perfide, et n'écoutant rien
Que mon désespoir et ma haine,
Pour que mon fer brise ta chaîne,

                              Il dégaine.

Je cherche... ton époux !

A la vue de l'épée, Tabarin et Piphagne rentrent la tête avec
précipitation. Rires du public.

LE PUBLIC.

Très bien !

FRANCISQUINE.

Grâce pour lui !

GAUTHIER.

Non, pas de grâce !
De mes mains il faut qu'il trépasse !
Bataille !... son sang ou le mien !

LE PUBLIC, applaudissant et riant.

Très bien !

FRANCISQUINE.

Capitaine !...

GAUTHIER.

Le lâche!
En quel coin est-ce qu'il se cache ?

FRANCISQUINE.

Je vous jure...

GAUTHIER.

Où s'est-il blotti ?

Ici ?... Là ?

Il frappe successivement de son épée les deux tonneaux, et quand il tourne la tête, Mondor sort la sienne, puis Tabarin, et le public de rire.

FRANCISQUINE.

Point !... Il est parti !

GAUTHIER.

Parti !...

Il remet son épée au fourreau.

Comble de l'imprudence !
N'a-t-il pas crainte, le butor,
Qu'on mette à profit son absence
Pour lui dérober son trésor ?

Il enlace Francisquine.

Eh ! bien, fuyons, oui, sur mon âme,
Hors mon amour n'écoute rien !

Il entraîne Francisquine en dehors du petit théâtre par l'escalier de droite.

TABARIN, *passant la tête hors du tonneau.*

Eh ! mais ! il enlève ma femme !

MONDOR, *même jeu.*

Credo qu'il mi ravit mon bien !

Ils continuent de jouer la farce avec toutes sortes de grimaces et jeux de scène comiques et le public éclate de rire.

FRANCISQUINE.

Ah ! je suis folle !

GAUTHIER, *se dépouillant de son manteau et de son grand chapeau empanaché.*

Viens !

FRANCISQUINE.

Que voulez-vous encore?

GAUTHIER.

Fuir vraiment!

FRANCISQUINE, épouvantée.

Fuir? non, non!

GAUTHIER.

Viens! tous deux loin d'ici
Fuyons! Tu ne peux plus douter que je t'adore,
Viens! ce n'est plus l'acteur, c'est l'amant qui t'implore,
Et qui meurt à tes pieds si tu n'en as merci!

FRANCISQUINE, cédant.

Gauthier! Gauthier!

GAUTHIER, l'entraînant à droite.

Je t'aime.

NICAISE, qui a paru sur le tréteau au haut du petit escalier avant
les dernières répliques.

Oh! qu'est ceci?

Il court à droite, après eux... Ce pendant Tabarin leve la tête
puis Mondor... une fois... deux fois.

SCÈNE VI

MONDOR, TABARIN, Peuple, puis NICAISE.

TABARIN, la tête hors du tonneau.

Suis-je tombé dans un panneau?

MONDOR, même jeu.

Mais que fait dame Francisquine
De m'oublier en ce tonneau?
Oh! la pendarde!

TABARIN.

Oh! la coquine!

3.

ENSEMBLE.

Et que nous voilà bien lotis !

TABARIN.

Où sont-ils ?...

Il s'est fait un grand mouvement parmi les spectateurs, bouscu-
lés par Nicaise, qui, revenant par la gauche, veut passer ; des
gens du public debout ont murmuré, ceux qui sont assis se
sont levés pour regarder et obtenir du silence.

NICAISE, montant sur le théâtre.

Maître... Ils sont partis !

TABARIN, bondissant hors du tonneau.

Partis ?

MONDOR, même jeu.

Partis ?

NICAISE.

J'ai vainement couru, me jetant à leur suite !...

TABARIN.

Partis ? Pourquoi ? comment ?

Terrible.

En fuite !...

Malheur sur vous, traîtres qui me jouez !
Mais qu'ai-je donc ? mon sang s'arrête,
Mes pieds au sol restent cloués,
Un feu mortel brûle ma tête,
Mon cœur n'a plus un battement,
Et je souffre effroyablement !

Il chancelle. Mondor et Nicaise le soutiennent.

LE PEUPLE, riant.

Qu'il est plaisant, Tabarin,
Comme il est bien dans ce rôle ;
On croirait, tant il est drôle,
On croirait à son chagrin !

Bravo !

TABARIN, hors de lui.

N'entends-je pas qu'on rit?... mais c'est infâme !

LE PEUPLE.

Bravo !

TABARIN, même jeu.

Mais c'est affreux! on m'a volé ma femme,
Je l'aimais en dépit de tout, j'étais jaloux,
Et je la veux !....

LE PEUPLE.

Ah ! ah ! ah ! Bravo !

MONDOR, suppliant.

Taisez-vous !

TABARIN, pleurant.

Allez et laissez que je pleure,
Au nom du ciel, allez-vous en !
J'étais un bouffon tout à l'heure,
Mais je suis un homme à présent.
Mon âme au désespoir vouée
N'a plus de but que le trépas !
Je pleure !... la pièce est jouée,
Mes bons messieurs, ne riez pas !

Il éclate en sanglots et se laisse tomber dans les bras de Mondor.

LE PEUPLE.

Pauvre Tabarin !

MONDOR.

Ah! ne riez pas !

Après un temps de silence, la foule interdite s'interroge.

LE PEUPLE.

C'est donc vrai! Honte sur l'infâme
Qui le jette en ce désespoir !
A ses sanglots, qui fendent l'âme,
Comment ne se pas émouvoir ?
Au gibet, la coquine !

TABARIN.

Ah! Francisquine, Francisquine,
Hélas! tu ne m'aimais pas!

MONDOR.

Pleure, Tabarin, pleure dans mes bras!

LA FOULE.

Nous devons le venger! écrasons la vipère!

SCÈNE VII

LES MÊMES, FRANCISQUINE.

DES VOIX, à la cantonade.

Victoire! on la tient!

LA FOULE, apercevant Francisquine amenée par Jehan et la
menaçant.

Adultère!
Misérable! à la Seine!

Le sergent et Nicaise cherchent en vain à la défendre. Ils sont
débordés.

FRANCISQUINE, se débattant.

A l'aide!

TABARIN, tressaillant.

Cette voix!...

FRANCISQUINE, échappant aux hommes qui la tiennent vient se
jeter dans les bras de Tabarin.

Tabarin!...

TABARIN, avec un cri de joie.

Francisquine! Enfin, je te revois!

LE PEUPLE, s'avançant menaçant.

Mort à la donzelle!
Il faut la brancher!

Au carcan, la belle !
La peste au bûcher !

FRANCISQUINE, à Tabarin.

Je tremble !

TABARIN, la protégeant.

Arrière, vous !

LE PEUPLE.

A la Seine ! à la fange !

Vengeons-le !

TABARIN, avec un effort immense sur lui-même.

Çà, de quoi voulez-vous qu'on me venge ?...
Et que croyez-vous donc qui soit la vérité ?
La scène était d'avance entre nous convenue,
Et notre pièce continue
Vers le dénouement concerté !

Il rit aux éclats : les spectateurs, surpris de la mystification, reculent en riant à leur tour.

LE PEUPLE.

Ah ! bah ! Bravo !

TABARIN.

Quelle prouesse !
A mes sanglots chacun s'est pris ;
C'était la pièce !

Riant.

Ah ! ah ! ah ! ah ! vous n'avez pas compris !

A sa femme, avec une énergie sincère.

Comprends-tu, toi, femme ?

FRANCISQUINE.

Pitié, pitié, je fus infâme,
Mais pleurant mon lâche abandon,
Honteuse, tremblante, éperdue,
J'implore à tes pieds mon pardon !

DES VOIX, à droite.

Plus haut !

DES VOIX, à gauche.

Plus haut !

TABARIN.

Plus haut, femme!

C'est la pièce !

FRANCISQUINE.

Pitié! pitié! Je fus infâme,
Mais pleurant mon lâche abandon,
Honteuse, tremblante, éperdue...

VOIX DIVERSES.

Plus haut !

D'AUTRES VOIX.

Plus haut!...

FRANCISQUINE.

...J'implore à tes pieds mon pardon!

LE PEUPLE, battant des mains.

Bravo !

TABARIN, la relevant et la serrant contre son cœur.

Bon! Je t'aime, et tu m'es rendue !
Je ne me souvien
Plus de rien !

LA FOULE.

Vers ce tréteau qui s'illumine
De sa gaité, de son entrain,
Tout Paris court place Dauphine,
Aux parades de Tabarin!

La foule se dispose à reprendre ses places. Tabarin, Francisquine, Mondor et Nicaise remontent sur la scène comme pour
continuer la parade. Tableau.

Rideau.

FIN

Imprimerie générale de Châtillon-sur-Seine. — A. PICHAT.

DANSE AU SECOND ACTE

LE RIGODON

Sujets :

Mlles Roumier, I. Ottolini, Biot, Mercédès, Sacré, Invernizzi.

Coryphées-quadrilles :

Mlles Jourdain, Méquignon, Girard, Rat, Perrot, Tré-
luyer, Kahn, Pamelart, Vulhier, Leppich, Méquignon 2e,
Parent, Leriche, Sonendal, Fléchelle, Campion.

Quatre musiciens : MM. Elysée, Porcheron, Perrot, Baptiste.

PERSONNEL DES CHŒURS.

Premiers dessus.

Coryphées. Mmes Granier, Nastorg.
Mmes Lebrun, Lasserre, Prudhomme, Lovendal, H. Bouil-
lard, E. Bouillard, Chéri, Lafitte, Pierre, Marietti, Lebel,
Laflèche.

Seconds dessus.

Mmes Motteux, Parent, Guérin, Marchant, Bernardi, Lebrun, Reingpach, Stech-Hélin, Bossi.

Troisièmes dessus.

Mmes Brousset, de Boudé, A. Jaeger, Méneray, Louft, Schepers, Richard.

Quatrièmes dessus.

Coryphée. Mme Duménil.
Mmes Cottignies, Gougenheim, Printemps, E. Jaeger, Piermarini, Ledien, Degraef, Dupuy.

Premiers ténors.

Coryphées. MM. Hélin, Gilbert, Giraud.
MM. Desdet, Brégère, Vignot, Kerkaert, Vasseur, Rousseau, Nagrasse, Moreau, Barrier, Lozier, Mesme, Cléry, Moison, Pissard, Morand.

Seconds ténors.

Coryphées. MM. de Soros, Menjaud, Brisson.
MM. Connesson, Granger, Flajollet, Bonnemye, Devisme. Petitjean, Salviat, Suntrupp Buick, Dhorne, Jadot.

Premières basses.

Coryphées. MM. Lafitte, Gaby.
MM. Margaillan, Lejeune, Schmidt, Legée, Castets, Pons, Egée, Graux, Vallé.

Secondes basses.

Coryphées. MM. Thuillart, Soyer, Artero.
MM. Danel, Jeanson, Fleury, Soulier, Fardé, Garet, Donnette, Compans, Morin, Delsart, Famechon, Noir, Bouissavin.

www.ingramcontent.com/pod-product-compliance
Ingram Content Group UK Ltd.
Pitfield, Milton Keynes, MK11 3LW, UK
UKHW031804170726
13836UKWH00003B/1177